Brädikower
Wiesen
Wagen
Görne
Schepper-B.
Briesen
Warsow
Görner See
Görner M.
Haager Heide
Bernhardinenhof
Karlsaue
Brädikow
Land Wiesen
Freiheit
Haage
Gut
Pessiner
Paulinenaue
Wagenitz
Wein-B.
Landin
Hp.
Rothe Haus Schaft
Hassel Wiesen
Senzke
Kriele
Retzower Damm
Kotzen
Senzker Vieh-Br.
Pessin
Selbelang
Haupt-Kanal
Lieper Br.
Das freie Luch
Lieper M.
Damme
Retzow
Zgl.
Liepe
Lieper-Möthlower Damm
Dammer Damm
Möthlow
Nennhausen
Barne
Ribbecker Meierei
Nennhausener
Torf-Fbk.
Wiesen
Buschower
Wiesen
Buschow
Garlitzer Wiesen
Buckow
Buschow I
Heineberg
Behnitzer
Mützlitzer
Wiesen
Garlitz

Das Westhavelland

Albrecht Brommauer / Ralph Kuberski

Das Westhavelland

sdv.

Liebe Leserin, lieber Leser,

in dem vorliegenden Buch haben Albrecht Brommauer und Ralph Kuberski in liebevoller Weise das Westhavelland von seiner Entstehung bis zu seiner heutigen Erscheinung beschrieben.

Der aufmerksame Leser wird bald feststellen, daß hier versucht wurde, eine Landschaftsbeschreibung abzugeben, die das Zusammenwirken von Entstehung, Besiedlung und daraus folgender Weiterentwicklung wiedergibt.

Als Landrat im Landkreis Rathenow habe ich dieses Buch mit besonders großem Interesse gelesen. Hat es mir doch auch wieder einmal bewußt gemacht, wie wichtig es ist, bei der Planung für die Zukunft nicht zu vergessen, daß Natur und Mensch voneinander abhängig sind.

Dieter Dombrowski
Landrat

Rathenow im Jahr 1992

Verfasser des Inhalts sowie der Bildbeschreibungen: Albrecht Brommauer
Photographien einschl. Umschlagabbildung: Ralph Kuberski
Konzeption und Gestaltung: Klaus Kraft
Schriftsatzherstellung und Druck: Schleswiger Druck- und Verlagshaus GmbH
Lithographische Reproduktionen: Jankowski GmbH, Flensburg
Bucheinband: Alster Buchbinderei, Hamburg

ISBN 3-88242-105-3

Printed in Germany 1992 ·

Inhalt

Die Lage und Entstehung der Landschaft

Dranseschlucht am Ferchesarer See

Das Westhavelland gehört zum nordwestlichen Teil des Landes Brandenburg. Im Westen wird es vom Unterlauf der Havel begrenzt und geht im Osten in das Havelländische Luch über. Im Norden wird das Westhavelland vom Unterlauf der Dosse und des Rhins begrenzt. Im Süden reicht es an das Brandenburger Seengebiet.

Den Namen erhielt die Landschaft von der Havel, einem mitteldeutschen Fluß, der in der Mecklenburgischen Seenplatte bei Neustrelitz seinen Ursprung hat. Er fließt von dort in südlicher Richtung bis in den Berliner Raum. Hier mündet bei Spandau die Spree ein. Die Havel wendet nun in einem Bogen in westlicher und nordwestlicher Richtung und führt an Potsdam, Brandenburg und Rathenow vorbei, bis sie bei Havelberg in die Elbe mündet. Vom Ursprung in Mecklenburg bis zur Elbe durchfließt sie 337 Kilometer bei einer Gesamtfallhöhe von 38,6 Metern, was man als ein sehr geringes Gefälle bezeichnen kann.

Die Landschaft, die in dem Bogen des Mittellaufes bis zum Unterlauf der Havel liegt, trägt den Namen Havelland. Der westliche Teil dieser Landschaft ist das Westhavelland.

Das Westhavelland ist ein weithin ebenes Gelände, in das einige Erhebungen und Hügel mit Kiefernwäldern eingestreut sind. Zum Landschaftsbild gehören Sümpfe und Seen, die es interessant machen. Das Landschaftsschutzgebiet „Rathenower Wald- und Seengebiet" und einige Naturschutzgebiete gehören in diese Landschaft. Das ebene Gelände geht in seinem östlichen Teil in das Havelländische Luch über, ein zusammenhängendes Grasland, das mit dem Rhinluch des Kreises Neuruppin verschmilzt. Beidseitig der Havel liegen große Überschwemmungsflächen, die teilweise als extensives Grünland genutzt werden.

Die Gestaltung der Landschaft ist auf Auswirkungen der Eiszeit zurückzuführen. Niederun-

Kornfeld bei Bamme

Luchlandschaft bei Witzke

gen, Platten und Höhenzüge kennzeichnen das Westhavelland. Die Niederungen werden von Flußauen und dem Havelländischen Luch geprägt. Zu diesem Gebiet gehören Talsandflächen, die bis zu 35 Meter über NN ansteigen. Aus dieser Ebene erheben sich flach gewellte Hochflächen, die als Platten bekannt sind. Zu ihnen gehören das „Ländchen Rhinow" im Norden und das „Ländchen Friesack" im Nordosten des Westhavellandes und der „Nußwinkel" zwischen Ferchesar und Nennhausen. Auf den Platten erheben sich langgestreckte Höhenzüge, deren Kammlinien in den Stöllner Bergen östlich von Rhinow die Höhe von 110 Metern über NN erreichen, und das Hohe Rott zwischen Nennhausen und Kotzen mit einer Höhe von 98 Metern über NN.
Das Westhavelland liegt im Gebiet der letzten, der Weichselvereisung zwischen den Eisrandlagen des Frankfurter Stadiums und des Brandenburger Stadiums. Zu den Erhebungen des Brandenburger Stadiums gehören auch die Berge bei Grütz, Göttlin und die Kattenberge bei Böhne westlich der Havel.
Beim Abschmelzen des Eises wurden an der Vorderseite der Eismassen mitgeführte Gesteine, Kiese und Sand abgesetzt. Durch einsetzende Bewegung des Eises wurde der abgelagerte Boden zusammengedrückt und zusammengestaucht, wodurch die Stauchmoränen entstanden. Typische Stauchmoränen sind das Hohe Rott bei Kotzen, die Rhinower und Stöllner Berge. Zu ihnen gehören auch die Erhebungen des Großen Berges bei Gräningen, der Weinberg und der Markgrafenberg bei Rathenow sowie der Premnitzer Berg.
Vor etwa 20 000 Jahren reichte das Eis des Brandenburger Stadiums noch bis in das Westhavelland. Vor 16 000 Jahren war es bis zur Mecklenburger Seenplatte zurückgewichen (Pommersches Stadium). Beim Abtauen des Eises waren die 10 bis 20 Kilometer breiten Niederungen des Westhavellandes zu Abflußrinnen des Schmelzwassers geworden. Sie gehörten zum Berliner und Baruther Urstromtal. Das Schmelzwasser und die mäandernde (schlingernde) Havel haben in den Urstromtälern mächtige Ablagerungsschichten aufgeschwemmt, die aus Sand und Schlick bestehen.
In der Nacheiszeit setzten sich im Unter- und Mittellauf der Elbe verstärkt Sedimentstoffe ab. Die Havel lagerte weniger Boden ab, da in den zahlreichen Havelseen viele Sinkstoffe zurückgehalten wurden. Der Wasserspiegel der Elbe wurde dadurch höher als der Wasserspiegel der Havel. Anfallendes Wasser der Elbe trat über das Ufer, und die Wassermengen drangen in die Niederungen der Havel.
Dieser Rückstau bewirkte einen erheblichen Anstieg des Grundwassers. Durch die Errichtung von Mühlenstauen in der Havel bei Zehdenick, Oranienburg, Brandenburg und Rathenow seit dem 13. Jahrhundert wurde der Grundwasserspiegel noch erhöht. Dadurch kam es zu Überflutungen und Vermoorungen der Niederungen. Solche versumpften Flächen waren das ursprüngliche Havelländische Luch und das Rhinluch. Erlenbruchwald und Niedermoorflächen mit zahlreichen Dünen, die als Horste herausragen, kennzeichnen das Stadium der Versumpfung im Havelgebiet.

Wiesen am Markgrafenberg

gebiet

Die Niederungen und Seen

Naturschutzgebiet Gülper See

Sandboden, Niedermoor und anmooriger Boden eiszeitlicher und nacheiszeitlicher Herkunft bestimmen das Acker- und Grünlandverhältnis im Westhavelland. Stark wechselnde Wasserstände beeinflussen die Niederungsflächen. Durch die großen Einzugsgebiete der Havel mit der Spree wirken sich die Wassermengen des Landes Brandenburg auf die Flächen im Unterlauf der Havel aus. In Rathenow gibt die Havel bei mittleren Wasserständen zwischen 170 und 180 Kubikmeter Wasser pro Stunde weiter.

Im Frühjahr treten nach schneereichen Wintern Hochwasser auf, die sich auf die Niederungsflächen an der Havel auswirken. Außerdem dringt noch das Wasser aus der Elbe in die Flächen an der unteren Havel. Dadurch treten lang anhaltende Überschwemmungen auf, die erst nach dem Absinken des Wasserstandes in der Elbe zurückgehen.

Die schädlichen Auswirkungen des Hochwassers wurden bereits im 18. Jahrhundert durch die Urbarmachung des Havelländischen Luches und

Witzker See

Torfstich bei Ferchesar

des Rhinluches reduziert. Der Große Havelländische Hauptkanal, der zentrale Vorfluter dieser Niederungen, wurde 1718 bis 1725 angelegt. Aus sumpfigen Niederungsflächen wurde das heute bekannte ebene Grasland.

Theodor Fontane schreibt über den Urzustand in seinen „Wanderungen durch die Mark Brandenburg“:

„... In jedem Jahr quoll das Wasser durch das hervordringende Grundwasser auf, die Rasendecke hob sich in die Höhe, bildete eine schwimmende, elastische Fläche, welche bei jedem Schritt unter den Füßen einsank ...

Nur im hohen Sommer und bei trockener Witterung war der größte Teil des Luches zu passieren; dann mähte man das Gras, allein nur an wenigen Stellen konnte es mittels Wagen herausgebracht werden; an den meisten mußte man es bis in den Winter in Haufen stehenlassen, um bei gefrorenem Boden es einzufahren. Unter allen Umständen war das Gras schlecht und eine kümmerliche Nahrung.“

Heute gibt es im Westhavelland nur noch kleine Reste derartiger Sumpfgebiete. Sie werden wegen ihrer ursprünglichen Pflanzen- und Tierwelt als Naturschutzgebiete ausgewiesen und erhalten. Zu diesen Naturschutzgebieten gehören auch einige Flachmoorseen mit einem dichten Schilfgürtel und einer breiten Erlenbruchwaldzone.

Neben den Niederungen ist das Westhavelland von mehreren Seen geprägt. Die von eiszeitlichen Schmelzwassern herrührenden Gewässer und Täler verlanden allmählich. Im Uferbereich siedeln sich Seerosen, Teichrosen, Schilfrohr, Rohrkolben, Igelkolben, Kalmus, Großer Hahnenfuß und Schwanenblume an. Zum Lande folgen Großseggen mit ihrer großen Blüte. Später treten hier Erlen auf, die zur Bildung des typischen Erlenbruchwaldes führen.

Ähnlich bildeten sich aus Torfstichen des vorigen Jahrhunderts im Roten Fenn und im Rodewaldschen Luch verlandende Flachmoorgewässer.

Dampfer »Sonnenschein« auf Ausflugsfahrt nach Ferchesar

Der Wald und das Grünland

Luchlandschaft bei Lochow

Typisch für das Westhavelland sind große Waldflächen. Vor etwa 2000 Jahren bedeckten ausgedehnte Urwälder das Havelland. Die überschwemmten Flächen und die wenigen Siedlungsgebiete waren waldfrei. Durch verstärkte Besiedlung im Mittelalter wurden große Teile der ursprünglichen Waldfläche gerodet und zu einer Ackerlandschaft umgestaltet. Auf minderwertigen Böden und im hügeligen Gelände blieb der Wald erhalten. Er wurde in seinem Bestand geändert. Der bisherige Mischwald aus Kiefern, Eichen und Buchen verschwand. Es entstanden die reinen Kiefernwälder, die heute als eintönige und gleichartige Stangenforste bekannt sind. Neben dem weiträumigen Kiefernwald gibt es auch noch Mischwälder in der Königsheide bei Grünaue und in dem Stadtforst bei Rathenow als Kiefern-Eichen-Bestände. Hier sind auch Hainbuchen, Erlen, Eschen und Birken zu finden. Die Eschen und die Buchen sind an nährstoffreichen Boden, die Erlen an nasse, nährstoffreiche Böden gebunden. Weite Flächen des Waldbodens werden von der Heidelbeere bewachsen. Der Adlerfarn ist auf den Waldflächen des Stadtforstes und der Königsheide anzutreffen. Auf lichten Stellen der Kiefernwälder wächst das gemeine Heidekraut.

Die landwirtschaftliche Nutzfläche wird von einem hohen Grünlandanteil mit 52,4 Prozent bestimmt. Hierbei handelt es sich einerseits um die zusammenhängenden Graslandflächen des Havelländischen Luches im Osten des Westhavellandes und um die Uferniederungen am Unterlauf der Havel.

Durch intensive Entwässerungsmaßnahmen, die im 18. Jahrhundert begannen und zwischen 1965 und 1985 abgeschlossen wurden, ist das Havelländische Luch zu einer intensiv genutzten Grünlandregion geworden.

Die typischen Naßwiesen am Ufer der Havel mit dem Wasserschwaden, Rohrglanzgras (Mielitz), der Schwertlilie und der Wasserminze sind durch Meliorationsanlagen wie Deichanlagen, Schöpfwerke und Grabensysteme teilweise verschwunden. Restflächen werden als Hochwasserentlastungsgebiete und Schutzgebiete erhalten. Dazu gehört das Wasservogelschutzgebiet „Untere Havel" als Feuchtgebiet mit internationaler und nationaler Bedeutung.

Kiefer bei Semlin

Weißstörche – typische Vögel des Westhavellandes

Graureiher fischen an Seen und Gräben

Wasserfrosch

Aufzucht von Großtrappen in der Naturschutzstation in Buckow bei Nennhausen

Die Tierwelt

Die Überschwemmungsflächen an der Havel sind Rastplätze für durchziehende Wasservögel im Herbst und Frühjahr. Neben nordischen Gänsearten wie Saat- und Bleßgänsen sind es Gänsesäger, Reiherenten, Schellenten, Pfeifenten, Zwergschwäne, Singschwäne und verschiedene nordische Watvögel, die sich hier niederlassen, um das Nahrungsangebot der Havelniederung und des Gülper Sees zu nutzen.
Auf den Feuchtwiesen an der Havel brüten neben mehreren Entenarten auch verschiedene Watvögel wie Uferschnepfe, Rotschenkel, Großer Brachvogel, Kiebitz und Kampfläufer.
An und in den Gewässern wie Wasserläufen, Seen mit ihren Verlandungszonen, schwer zugänglichen Moorgewässern und alten Torfstichen leben verschiedene Wasservögel.
Zu ihnen gehören Höckerschwäne, Haubentaucher, Bleßrallen, Stockenten, Tafelenten, Graugänse, Rohrsänger, Teichhühner, Lachmöwen, Flußseeschwalben und Rohrweihen. Graureiher fischen an den flachen Ufern der Seen. In den Verlandungszonen an den Seen ziehen Kraniche ihre Jungen auf. Auf den ebenen Wiesenflächen des Havelländischen Luches ist die Großtrappe beheimatet, deren Bestand trotz intensiver Schutzmaßnahmen abnimmt. Häufiger Greifvogel ist der Mäusebussard. Manche Gemäuer sind Brutstellen des Turmfalken, Kirchtürme bieten Schleiereulen Unterkunft. In den Wäldern sind Waldohreulen, Grünspecht, Buntspecht, Schwarzspecht, Kleiber, verschiedene Meisenarten, Eichelhäher und Zaunkönig anzutreffen. In Gewässernähe bauen Uferschwalben ihre Niströhren in Sandhänge. Zahlreiche Mauersegler jagen in den Sommermonaten über die Dächer von Rathenow. In den Dörfern finden Rauchschwalben und Mehlschwalben ihre Brutplätze. Auf den Dächern der Dörfer im Westhavelland nistet der Weißstorch.
In abgelegenen Havelarmen und einigen Seen des Westhavellandes sind in den letzten Jahren Ansiedlungen des Elbebibers beobachtet worden. Er ist das größte Nagetier in Europa. Da er zu den nachtaktiven Tieren gehört, ist es sehr schwierig, ihn in freier Natur zu beobachten.
Die heimischen Gewässer sind auch der Lebensraum für die Schlammschnecken, die Teichmuschel, die eingeschleppte Wollhandkrabbe, den amerikanischen Flußkrebs, den Wasserfloh und den Hüpferling. Günstige Lebensbedingungen bieten die Seen und Gewässer verschiedenen Fischen wie Blei, Plötze, Güster, Hecht, Zander, Barsch, Aal, Schlei, Karausche, Rotfeder und Karpfen.
Von den Lurchen sind die Erdkröten, die Kreuzkröten, der Wasserfrosch, der Moorfrosch und der Grasfrosch im Westhavelland anzutreffen. Von den Kriechtieren bewohnen die Blindschleiche, die Waldeidechse, die Ringelnatter und die Kreuzotter die Waldgebiete und die Ufergebiete einiger Seen.

Göttlin
Havel
RATHENOWER
STADT
FORST
CHURLAND
Schiessstände
Faule See
Faule See-Stücke
Turn-Pl.
Gebhardtshof
Neue Schleuse
Königl. Proviant-Magaz
RATHENOW
Neu-Friedrichsdorf
Bahnhof
Kas.
Wein-B.
Rauhe B.
Bruch
Rieken
Wolzen-Wiese
Wolzen-See
Exercier-Platz
Rathenower Stadt
Bölkershof
Ludwigslust
Möthlowshof
Ludwigshof
Grünaue
O.F.
Karpfen Laake
Krumme Orths-Laake
Belauf
KÖNIGLICHE FORST
F.H. Krügershorst
F.H. Friedrichshof
Krügershors
Altes Havel-Bruch
Schlop-Laake
Friedrichshof
GRÜNAUE
Col. Spoliere
Dachs B.
Breite
Adermanns Heining
Wolfs-B.
Karauschen-Gestell
Mögelin
Gut
Böhne
Abbaue
Col. Königshütte
Königsweg
Gestell
Fuchs-Bge.
Rodewaldsche Luch

Die Besiedlung

Nach dem Rückzug des Eises etwa um 10 000 v. Chr. begann die Besiedlung des Westhavellandes. Die Siedlungsplätze lagen zwischen Niederungen und Hochflächen an Seen und fließenden Gewässern. Mit ihrem Fisch- und Wildreichtum boten sie Fischern, Jägern und Sammlern günstige Lebensbedingungen. In der Zeit von 8000 bis 3200 v. Chr. waren die Fiener und Jühnsdorfer Gruppen angesiedelt, die ihre Rastplätze oft wechselten.
In der Periode der Jungsteinzeit zwischen 3200 und 1700 v. Chr. setzten sich allmählich der Ackerbau und die Tierhaltung im Westhavelland durch.
Einflüsse aus mitteldeutschen Gebieten konnten nachgewiesen werden. In der Keramikherstellung setzte sich die Trichterbecherkultur und später die Kugelamphorenkultur durch. Funde aus Buschow, Mützlitz und Steckelsdorf brachten dafür Nachweise durch reich ausgestattete Gräber.
Aus der älteren Bronzezeit zwischen 1700 und 1200 v. Chr. belegen Grabfunde aus Kriele, Buschow, Premnitz und Rathenow die Einflüsse der Aunjetitzer Kulturperiode im Westhavelland. Flachgräber wurden bei Döberitz, Ferchesar, Mützlitz und Premnitz aus diesem Zeitraum gefunden.
Im Zeitraum zwischen 1200 bis zum 7. Jahrhundert v. Chr. erfolgte in der jüngeren Bronzezeit eine intensive Besiedlung des Westhavellandes. Die „Elbe-Havel-Gruppe" nahm den ganzen Landstrich ein. Diese Gruppe gehörte zum nordischen Kulturkreis.
Seit der Eisenzeit ab 800 v. Chr. begann die germanische Besiedlung des Westhavellandes. Aus dem nördlichen Mittelelbegebiet machten sich die Einflüsse der Latené-Kultur bemerkbar.

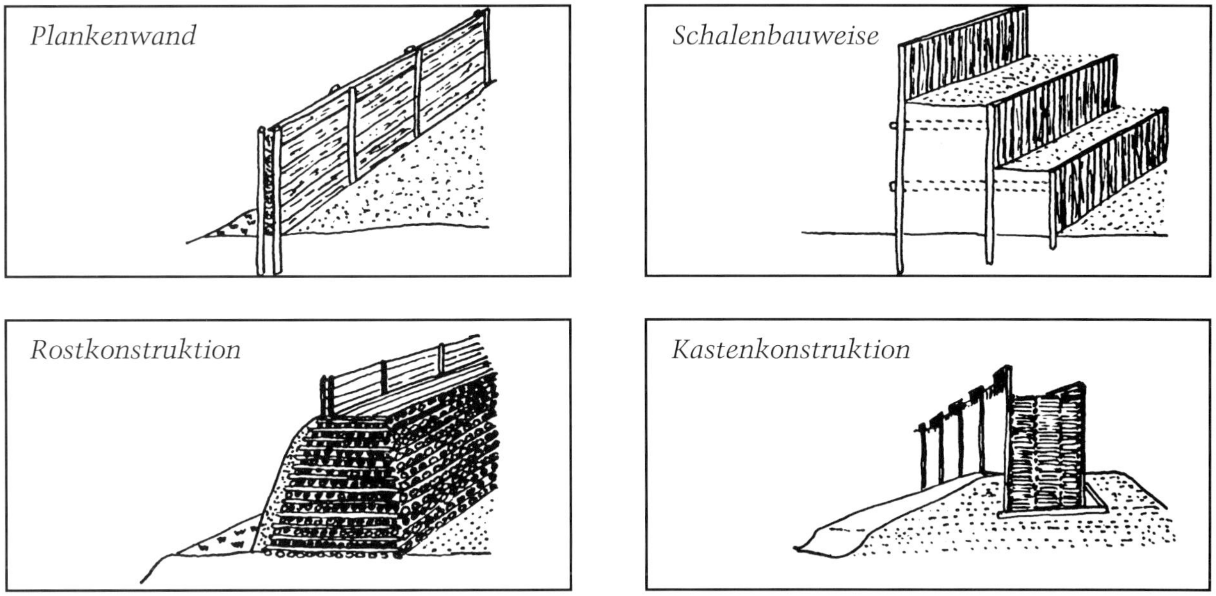

Befestigungsanlagen (Zeichnungen aus J. Herrmann, Archäologie in der DDR)

Luftaufnahme von Hohennauen

Die Semnonen, der Hauptstamm der Sueben, siedelten sich im Gebiet zwischen Elbe und Oder an. Die Siedlungen vergrößerten sich. Reich ausgestattete Gräber zeugen von einer sozialen Differenzierung der Bevölkerung und von einer hochentwickelten Kulturstufe dieses Stammes. Ein Zeugnis davon bietet der Römer Tacitus in seiner „Germania", Kapitel 39, wo sie als vornehmster Stamm der Sueben genannt werden.
Während der Völkerwanderung zwischen 300 und 400 n. Chr. wanderte ein Teil des Stammes nach Südwestdeutschland ab. Das Westhavelland war nun schwächer besiedelt. Aus dem 5. bis 6. Jahrhundert konnten noch germanische Funde nachgewiesen werden.
Im 7. Jahrhundert siedelten sich slawische Stämme aus Schlesien und Böhmen im Westhavelland an. Die Reste der germanischen Bevölkerung verschmolzen allmählich mit den Slawen. Typische Funde der frühslawischen Ansiedlung waren Urnen und unverzierte Keramik. Mit der Ansiedlung des Stammes der Heveller im 9. bis 10. Jahrhundert vergrößerte sich die Anzahl der slawischen Siedlungen. Holzburgen wurden errichtet und Burgwälle angelegt (Bamme, Gülpe, Hohennauen und Lochow).
Hauptsitz der Heveller war die Burg in Brandenburg, die zum Fürstensitz wurde. Handel und Gewerbe der Slawen waren sehr differenziert.

Durch Funde konnten der Anbau von Hafer und Hirse, Tierhaltung, Fischerei und Jagd nachgewiesen werden. In den Siedlungen gab es Handwerker wie Schmiede, Keramiker und Kammmacher.
König Heinrich I. unterwirft mit seinem sächsischen Heer von 928 bis 929 die slawischen Siedlungen der Heveller und erobert die Burg Brandenburg. Markgraf Gero beherrscht bis zu seinem Tod 965 die eroberten Teile der Mark und des Havellandes. Danach wird das Gebiet aufgeteilt. Das Westhavelland gehört zur Nordmark, die bis zur Elbe reicht. 948 wird das Bistum Brandenburg gegründet.

Im Jahr 983 erheben sich die slawischen Stämme gegen die deutsche Herrschaft. Das Bistum Brandenburg wird zerstört. Bis zur Mitte des 12. Jahrhunderts erreichte das Hevellergebiet den Höhepunkt seiner wirtschaftlichen Macht unter dem letzten Fürsten Pribislaw-Heinrich, der aber bald unter deutschen Einfluß geriet.
Ab 1134 beginnt die erneute Unterwerfung des Landes durch den Askanier Albrecht den Bären. Das Havelland wird 1147 erobert. Brandenburg fällt 1157 in deutsche Hand.
Albrecht nennt sich nach der neuen Residenz Markgraf von Brandenburg. Durch den Zuzug von bäuerlichen Siedlern in das Westhavelland entstehen neue Dörfer. Der vorher weiträumig bewohnte Raum wird nun enger besiedelt. Zuwanderer kamen aus dem sächsischen Stammgebiet der Askanier, aus den Niederlanden und aus Westfalen. Es erfolgte ein allmähliches Verschmelzen zwischen den Slawen und den deutschen Neusiedlern. Gegen Ende der Askanierzeit war die Vermischung der beiden Bevölkerungsgruppen abgeschlossen.
Mit Beginn des 14. Jahrhunderts ließ die Siedlungsbewegung nach. Die Dörfer waren von Bauern und Kossäten bewohnt. Sie entrichteten dem Markgrafen, dem Grundherrn und der Kirche Abgaben. Die Kossäten mußten Dienste leisten.

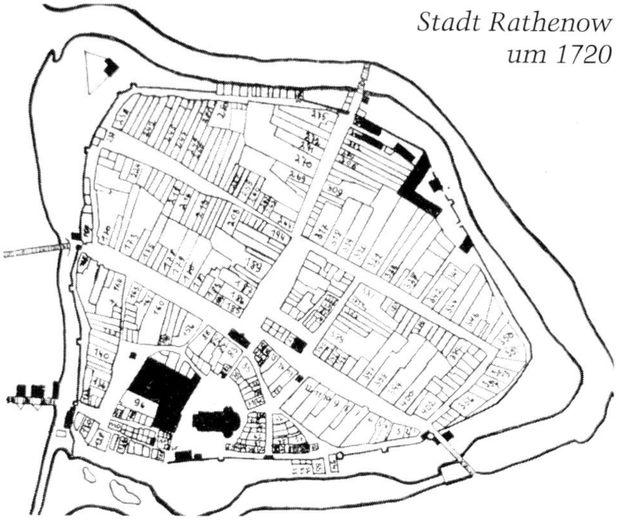

Stadt Rathenow um 1720

Rathenow – Kreisstadt des Westhavellandes

Um 1190 wurde die St.-Marien-Andreas-Kirche gebaut

Im Jahr 1216 wurde Rathenow erstmalig urkundlich erwähnt. Der Ursprung des Ortes ist auf drei Kieze, slawischen Ansiedlungen, zurückzuführen: der Große Kiez südlich des Weinberges an der Havel, der Kleine Kiez zwischen Haveltor und Stremmeeinmündung und das Dorf Jederitz (Jederitzer Feld) nördlich von Rathenow.
Um die Sankt-Marien-Andreas-Kirche, die um 1190 erbaut worden war, entstand der spätere Stadtkern mit einem Marktplatz und Wohnhäusern. Von hier aus dehnte sich der Ort in westlicher und nördlicher Richtung aus. Im Jahr 1294 wurden das Gut und das Dorf Jederitz aus dem Nachlaß Dietrichs von Berenwolde mit Rathenow vereinigt.

Im Jahr 1295 erfolgte der Abriß der markgräflichen Burg in Rathenow. Die gewonnenen Steine wurden der Stadt zum Bau der Stadtmauer geschenkt. Mit der Erweiterung des Ortes und der Sicherung durch die neue Stadtmauer waren die Grundlagen für die Stadtentwicklung gegeben. Im gleichen Jahr wurde ihr das Recht der Städte Brandenburgs verliehen. Die Bürger lebten vom Ackerbau, Weinbau und vom Holzeinschlag, der durch die Schenkung des Gutes Rodenwalde mit 7000 Morgen Wald im Jahr 1319 an Umfang zunahm. Später kam die Ziegelherstellung hinzu.

Alte Stadtmauer in Rathenow

Denkmal des Großen Kurfürsten auf dem Schleusenplatz in Rathenow, errichtet 1738

Als im Jahr 1319 der letzte askanische Markgraf Waldemar starb, begannen die ersten Rückschläge in der Stadtentwicklung von Rathenow. Die Landeshauptleute von Bredow und von Quitzow trugen vorübergehend die Verwaltung des Gebietes, da die Markgrafen selten im Land weilten. Unsicherheit und Plünderungen auf den Straßen waren weit verbreitet. Am 4. Dezember 1394 überfielen die Truppen des Bischofs von Magdeburg die Stadt Rathenow. Die Bürger vertrieb man aus der Stadt. Sie konnten erst nach zwei Jahren zurückkehren.

Seit 1324 hatte Rathenow auch das Münzrecht erhalten. Rathenower Münzen sind von 1463 bekannt, die von einem Münzmeister Hemelpfort geprägt wurden.

Ab 1411 erhielt Friedrich I., Burggraf von Nürnberg aus dem Hause Hohenzollern, die Mark Brandenburg als Lehen. Am 9. Februar 1414 huldigte die Stadt Rathenow dem neuen Kurfürsten Friedrich, der der Stadt alle vormaligen Privilegien anerkannte.

Bereits 1351 gab es in Rathenow mehrere Wassermühlen. Ab 1446 erhielt die Stadt als besondere Gunst vom Kurfürsten das Recht des Salzverkaufs. Im Jahr 1536 erhielt sie das Recht, den Deichselpfennig als Besteuerung von Fuhrwerken zu erheben.

Für das Befahren der Brücken wurde das Brückengeld verlangt. Für die Benutzung der im Jahr 1561 erbauten Kesselschleuse konnte die Hälfte des Schleusenzolls in Rathenow einbehalten werden. Diese Einnahmen konnten zur Erweiterung der Kirche (1517 bis 1580) und zum Bau des Rathauses (1564) genutzt werden.

Die einzelnen Handwerker schlossen sich zu Zünften zusammen, die Böttcherzunft 1521, die Schneiderzunft 1544, die Zünfte der Huf- und Waffenschmiede 1551, die Tischlerzunft 1583 und die Kürschnerzunft 1590. Damit sollten auch die Handwerkerinteressen gegen die Stadtverwaltung besser vertreten werden.

Im Jahr 1539 begann die Reformation in Brandenburg. In Rathenow wurde sie 1541 abgeschlossen.

Ein alter Gewerbezweig war die Ziegelherstellung in Rathenow. In der Altstadt am Stadtgraben lag die ehemalige Ratsziegelei. Durch ein Großfeuer 1595 wurde sie zerstört und 1662 wieder aufgebaut. Hier wurden die roten Mauersteine hergestellt, die wegen ihrer guten Qualität sehr geschätzt waren.

Im Jahr 1607 wurde das erste Krankenhaus am Kirchplatz gebaut und 1621 eine Apotheke in Rathenow eingerichtet.

Einen schweren Rückschlag in der Stadtentwicklung brachte der Dreißigjährige Krieg mit sich. 1626 drangen Dänen in Rathenow ein. 1627 überfielen kaiserliche Truppen die Stadt und besetzten sie bis 1631. Zerstörungen, Plünderungen und Greueltaten waren an der Tagesordnung. Die Pest wurde 1630/31 eingeschleppt. Daran starben 865 Menschen in Rathenow. Am Ende des Krieges lebten noch 40 Bürger in der Stadt. Nach dem Krieg begann der Wiederaufbau. 1660 gab es in Rathenow schon 163 Häuser. Die Stadt hatte 1141 Einwohner.

Denkmal des Ziegelabtragjungens von Karl Mertens an der Post in Rathenow

Blick von der St.-Marien-Andreas-Kirche zur Steinstraße

Blick von der St.-Marien-Andreas-Kirche in die Altstadt von Rathenow

Terrakotten am Gebäude der Gasanstalt – Kunstwerke der Rathenower Ziegelindustrie

Im Frühjahr 1675 besetzten schwedische Truppen unter Oberst Wangelin die Stadt. Kurfürst Friedrich Wilhelm, der sich mit seinen Truppen am Rhein befand, rückte daraufhin sofort in die Mark Brandenburg ein, um sie von den Schweden zu befreien. Am Morgen des 15. Juni 1675 griff das brandenburgische Heer unter Feldmarschall Derfflinger die in Rathenow weilende schwedische Besatzung an und besiegte sie. An dieses Ereignis erinnert das Kurfürstendenkmal von J. G. Glume auf dem Schleusenplatz von Rathenow. In der heimatlichen Geschichte wird dieses Datum als „Tag von Rathenow" bezeichnet.
Nach der Befreiung Rathenows konnte der Wiederaufbau verstärkt weitergeführt werden. Die Einwohnerzahl stieg um 1700 auf 2100 an. Allmählich wurde das bisherige Stadtgebiet zu eng und eine Stadterweiterung notwendig.
1679 wurde die 5. Kompanie des Kurfürstlichen Reiterregiments in die Stadt verlegt, Rathenow entwickelte sich zur Garnisonstadt. Da die Soldaten damals nicht in Kasernen untergebracht waren, sondern bei den Bürgern wohnten, wurde zwischen 1733 und 1738 die Neustadt gebaut. Sie bestand aus 37 zweistöckigen, 64 einstöckigen und sechs öffentlichen Gebäuden, die im barokken Baustil ausgeführt wurden. In diesem Zeitraum wurde im Stadtgraben zwischen der Alt- und Neustadt die Stadtschleuse (1732) errichtet. Der Vorplatz an der Stadtschleuse, der heutige Schleusenplatz, wurde zum Exerzier- und Paradeplatz der Garnison.

Gebäude der Stadtverwaltung Rathenow in der Jahnstraße

Denkmal von Johann Heinrich August Duncker am Bahnhof in Rathenow, errichtet 1936

Nachbau eines Holzmikroskopes von J. H. A. Duncker

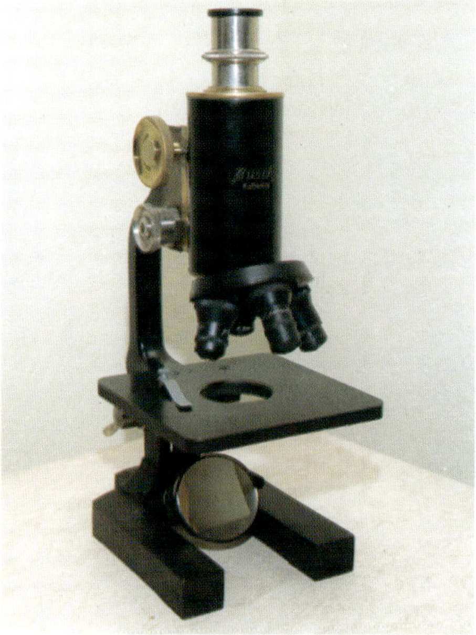

Großes Mikroskop mit weitem Tubus von Emil Busch

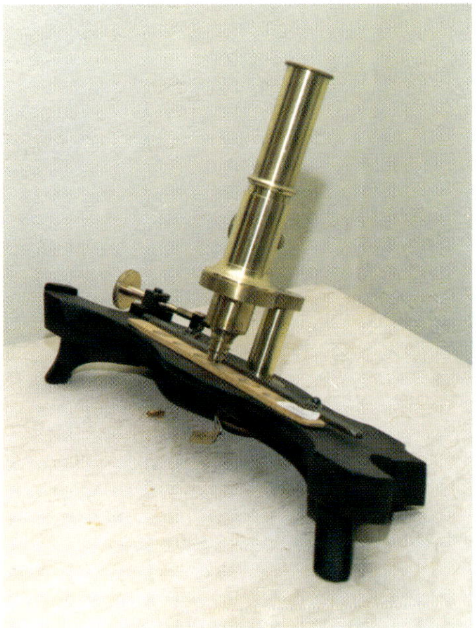

Trichinenmikroskop von Emil Busch

Gedenktafel am Geburtshaus von Johann Heinrich August Duncker am Kirchberg

Strohdächer und Ziehbrunnen wichen Zicgeldächern und Holzpumpen, Hopfengärten wurden angelegt, Kartoffelanbau und Seidenraupenzucht betrieben. Rathenow und Mögelin lieferten Ziegel für den Bau des Schlosses Sanssouci und des Holländischen Viertels nach Potsdam, wodurch die Rathenower Ziegeleien für gute Qualität der Ziegel bekannt wurden.

In den Jahren 1765/67 wurde auf Befehl Friedrichs des Großen in der Bürgerheide das Spinnereidorf Neufriedrichsdorf gebaut, um für die Tuchmanufaktur in Rathenow Arbeiter anzusiedeln. Auf einer westlich vom Weinberg gelegenen Insel in der Havel wurde von 1786 bis 1789 Preußens größtes Proviantamt, ein Magazin, erbaut. Danach bekam sie den heute noch gebräuchlichen Namen „Magazininsel".

Seit 1800 setzte sich in Rathenow ein neuer Industriezweig, die optische Industrie, durch. Der Prediger Johann Heinrich August Duncker (1767 bis 1843) begann auf wissenschaftlicher Grundlage mit der Herstellung von Brillengläsern. Auf dem Dachboden des Pfarrhauses auf dem Kirchplatz entwickelte er die „Optische Industrie-Anstalt", wodurch der Weltruf Rathenows als Brillenstadt begründet wurde.

Seit 1834 führte sein Sohn Eduard den optischen Betrieb weiter. 1845 übernahm Emil Busch, ein Neffe Eduard Dunckers, diesen Betrieb mit 67 Arbeitern und einer Produktion von 10 000 Paar Brillengläsern jährlich. Es entstand ein Großbetrieb der optischen Industrie mit hohem Exportanteil.

Im Oktober 1806 besetzten französische Truppen die Stadt. Die Besetzung dauerte bis Ende November 1808. Für Rathenow war diese Zeit hart. In den Befreiungskriegen von 1813 bis 1815 fielen 53 Rathenower Bürger.

Im Rahmen der Stein-/Hardenbergschen Reformen wurde im Jahr 1809 die Städteordnung eingeführt. Die Bürger wählten den Magistrat und die Stadtverordneten, die die Geschicke der Stadt bestimmten. 1815 wurde Rathenow Kreisstadt für das Westhavelland.

Im Jahr 1816 erschien in Rathenow die erste Zeitung mit dem Namen „Rathenower gemeinnütziges Wochenblatt für alle Stände". Die erste Straßenbeleuchtung wurde 1834 fertiggestellt. Die Bevölkerungszahl stieg von 4082 Einwohnern im Jahr 1800 auf 6820 Einwohner im Jahr 1858. Die größte Berufsgruppe waren die Arbeiter der optischen Industrie. Als weiterer optischer Betrieb entstand 1851 die Firma Schultze und Bartels. 1866 kam die Firma Nitsche und Günther in der Berliner Straße (heute Standort ROW) als größter optischer Betrieb dazu. Die Industrie-Anstalt von Emil Busch bildete sich 1872 zur Emil Busch AG um. Diese optischen Firmen trugen dazu bei, daß Rathenow als Stadt der Optik bekannt wurde.

Vielschleifmaschine von J. H. A. Duncker von 1800 (nachgebautes Modell)

Gebäude der Kreisverwaltung Rathenow, erbaut 1895

Haupttreppe im Gebäude der Kreisverwaltung Rathenow

Portal der Kreisverwaltung Rathenow

In der zweiten Hälfte des 19. Jahrhunderts wurde im Zuge der Gründerzeit aus dem Ackerbürgerstädtchen eine mittlere Industriestadt.
1866 wurde das Gaswerk erbaut. 1870/71 erhielt Rathenow, das inzwischen 8100 Einwohner zählte, eine Bahnverbindung nach Berlin. 1900 wurde die Kleinbahn nach Nauen und 1903 die Brandenburger Städtebahn gebaut. In Rathenow kreuzten sich die Bahnverbindungen Berlin–Lehrte (bei Hannover) und Neustadt/Dosse–Brandenburg. Durch den Bau der Neuen Schleuse am westlichen Lauf der Havel zwischen 1898 und 1901 entstand ein neuer Ort „Neue Schleuse", seit 1953 als Stadtteil Rathenow-West.
Das Hauptpostamt wurde 1883 errichtet. 1885 entstand ein Krankenhaus, heute Kern und Teil des Paracelsus-Krankenhauses. Für den Verwaltungssitz des Westhavellandes wurde das Kreishaus 1885 aus Rathenower Ziegeln gemauert. 1893 wurde die katholische St.Georgskirche gebaut.
Im Jahr 1887 erhielt Rathenow eine Kanalisation und 1902 das Wasserwerk am Ferchesarer Weg.
Im Jahr 1904 erhielt die Stadt ein Elektrizitätswerk.
Die Einwohnerzahl war von 11 300 im Jahr 1880 auf 21 000 im Jahr 1900 gestiegen.
Eine wichtige Rolle im bürgerlichen Leben der Stadt spielten auch die kulturelle Entwicklung und das Bildungswesen. Sportvereine, Bildungsvereine, Gesangvereine und viele Geselligkeitsvereine gehörten zum Vereinsleben von Rathenow. Schulbauten trugen zur Entwicklung des Bildungswesens bei.
Durch das königstreue Bürgertum von Rathenow wurde Otto von Bismarck am 28. Juni 1849 von 22 Wahlmännern in die 2. Kammer des preußischen Parlaments gewählt. Damit entschied sich die politische Laufbahn des späteren deutschen Reichskanzlers. In Rathenow wurde er 1875 Ehrenbürger und zu seinen Ehren 1914 der Bismarckturm auf dem Weinberg gebaut.

Katholische St. Georgskirche gebaut 1893

Maria mit dem Jesuskind in der St. Georgskirche

Kreiskulturhaus am Märkischen Platz in Rathenow

Neubau am Körgraben

Hauptschleuse der Havel von Rathenow, erbaut 1898–1901

Schwimmhalle in Rathenow

Aus den Kreisen der optischen Arbeiter entstanden Arbeitervereine und der erste sozialdemokratische Fachverein im Jahr 1883. 1890 wurde der sogenannte „Wahlverein" gegründet, aus dem sich die Rathenower Parteigruppe der SPD mit 300 Mitgliedern bildete. Der „Wahlverein" blieb bis 1933 erhalten. Die SPD entwickelte sich in Rathenow bis 1933 zur bestimmenden Partei.

Trotz anfänglicher Begeisterung und überschäumendem Patriotismus zu Beginn des Ersten Weltkrieges im Jahr 1914 machte sich bald Ernüchterung breit. Hunger, Leid und Not prägten das Leben. Bis 1918 starben 832 Einwohner von Rathenow im Krieg. Trostlosigkeit bestimmte die Nachkriegsjahre.

Zwischen 1920 und 1924 wurde die Stadt wieder erweitert, die Nord- und Südsiedlung entstanden, zwischen 1928 und 1929 wurde nach Plänen des Architekten Haesler der Friedrich-Ebert-Ring gebaut. Von 1919 bis 1924 wurde das Apollotheater mit 1000 Sitzplätzen errichtet. Von 1927 bis 1930 entstand die Jahnschule. Der Bau des Nordbahnhofs erfolgte 1935.

Die Einwohnerzahl erhöhte sich ständig durch die Entwicklung der optischen Industrie. 1925 wurde Rathenow zum Stadtkreis, weil die Einwohnerzahl auf über 25 000 Personen angestiegen war. 1927 lebten 27 699 Einwohner in der Stadt.

Als 1933 der Nationalsozialismus die Macht ergriff, wurden auch in Rathenow die demokratischen Parteien und Arbeitervereine verboten. Um 3000 Erwerbslosen Arbeit zu geben, wurde ab Oktober 1933 ein Kasernenviertel am Nordbahnhof gebaut. Im Herbst 1938 wurde die Friesacker-Rathenower Synagoge in der „Kristallnacht" demoliert.

Der Zweite Weltkrieg bescherte der Stadt am 18. 4. 1944 die erste Zerstörung durch ein Bombardement, das 58 Tote forderte und 2200 Obdachlose brachte. Am 25. 4. 1945 begann der Angriff auf Rathenow, der bis zum 6. Mai 1945 dauerte. Die Stadt war sehr stark zerstört. 444 Einwohner starben während der Kämpfe. Das

Wappen des Kreises Rathenow

Stadtzentrum war von Trümmern bedeckt. Betriebe waren zerstört, und die Gas- und Stromversorgung war unterbrochen.

Um die ernsten Probleme zu lösen, begann man mit ersten Aufräumungsarbeiten. In den optischen Betrieben wurden im Rahmen von Reparationszahlungen an die Siegerstaaten Demontagen durchgeführt. Trotzdem begannen im Oktober 1945 die ersten Arbeiten in der Firma Nitsche und Günther.

1946 entstand der Betrieb „Rathenower Optische Werke m.b.H.", aus dem 1948 der VEB Rathenower Optische Werke gebildet wurde. Damit wurde an den guten Ruf von Rathenow als Stadt der Optik angeknüpft.

1948 wurde nach der Enttrümmerung mit dem Wiederaufbau der Innenstadt begonnen, der 1962 abgeschlossen wurde. Ab 1968 wurde der neue Stadtteil Rathenow-Ost gebaut. Eine Erweiterung der Stadt entstand bereits durch die Angliederung von Neufriedrichsdorf 1948 zu Rathenow und später von Neue Schleuse, das nun als Rathenow-West zur Stadt gehört. Ab 1950 wurde der Stadtkreis aufgehoben und Rathenow dem Kreis Westhavelland zugeordnet.

Durch die Zuordnung von Neufriedrichsdorf und Rathenow-West zu Rathenow und den Bau des Stadtteils Rathenow-Ost wurde die Stadt auf die heutige Größe erweitert.

Kirche in Mögelin

Kiefer bei Semlin

Havelarm bei Mögelin

Restaurierte Bockwindmühle von Bamme (1569)

Die Umgebung von Rathenow

Südöstlich von Rathenow liegt, umgeben von Bruchwald und märkischem Kiefernwald, der Wolzensee.
Der Name dieses Gewässers ist aus dem slawischen Sprachschatz übernommen und bedeutet Erle.
Erlen und Moorbirken sind typische Bäume der feuchten Niederungen. Sie gehören auch zum Bruchwald des Wolzensees. Die Uferzone des Sees ist mit einem breiten Schilfgürtel bewachsen. An einer weithin offenen Stelle am Nordufer ist ein Freibad angelegt, das sich großer Beliebtheit erfreut.
Südlich des Wolzensees liegt ein großes zusammenhängendes Waldgebiet, der Forst Grünaue, auch als „Königsheide" bekannt. Diese Flächen gehören zum Landschaftsschutzgebiet „Rathenower Wald- und Seengebiet". Bei der Försterei Grünaue liegt im Wald das Heidegrab.
An der Landstraße nach Bamme liegt, unmittelbar hinter der Brücke des Klusgrabens, das Rodewaldsche Luch. Auf dieser Niederungsfläche wurde früher Torf gewonnen, das an mehreren Dämmen und ehemaligen Torflöchern zu erkennen ist. Da in dieser Niederung typische Flachmoorpflanzen vorkommen und neben verschiedenen Wasservögeln auch der Kranich hier brütet, ist das Rodewaldsche Luch ein Naturschutzgebiet. Außerdem ist das Gelände wegen seines hohen Wasserstandes auch als Zuflußgebiet zum Wolzensee bekannt.
Im weiteren Verlauf der Landstraße zweigt links ein Waldweg zum Markgrafenberg ab. Der Berg hat seinen Namen von den askanischen Markgrafen, die im Mittelalter die Mark Brandenburg regierten. Auf dem Berg soll um 1300 ein Jagdschloß des Markgrafen gestanden haben, das nach dem Tod des letzten Markgrafen Waldemar verfiel.
Am südwestlichen Teil von Rathenow schließt sich, unmittelbar hinter dem Friedhof, der Weinberg an. Der Name deutet auf den Weinbau, der vom 15. bis 18. Jahrhundert in Rathenow betrieben wurde. Am westlichen Hang hat man einen weiten Blick über die Havelniederung. Auf dem Gipfel des Berges steht der 30 Meter hohe Bismarckturm, eines der Wahrzeichen von Rathenow. Der Turm wurde 1914 zu Ehren Otto von Bismarcks erbaut. Am 1. April, dem Geburtstag Bismarcks, wurden alljährlich auf der Pfanne, die die Spitze des Turms bildet, Feuer abgebrannt. Der Weinberg mit seinem Parkcharakter ist ein beliebtes Ausflugsziel von Rathenow.

Bismarckturm in seinem heutigen Zustand

Kirche mit mittelalterlichem Wehrturm in Hohennauen

Gedenkstein für Otto Lilienthal am Gollenberg bei Stölln

Segelsportler auf dem Flugplatz Stölln

Das Ländchen Rhinow

Der nördliche Teil des Westhavellandes ist das Ländchen Rhinow. Der Name ist auf die Kleinstadt Rhinow zurückzuführen.
Niederungen und Höhenflächen prägen die Landschaft. Die Niederungen waren vor den Meliorationsmaßnahmen große Überschwemmungsflächen. Die Hochflächen sind zum großen Teil mit Wald bewachsen. In allmählicher Steigung bildet der Gollenberg bei Stölln mit 110 Metern über NN die bedeutendste Erhebung des Westhavellandes.
Hier führte ab 1891 Otto Lilienthal Versuche mit seinem Gleitflugapparat durch. Ein Gedenkstein am Fuß des Berges erinnert an seinen tödlichen Absturz am 9. August 1896.
Östlich von Rhinow liegen die Rhinower Berge. Diese Hügelkette ist ein Relikt der Eiszeit. An der höchsten Stelle befindet sich der Fernsehturm, ein weithin sichtbares Wahrzeichen von Rhinow. Die heutige Stadt Rhinow ist eine alte Ansiedlung, die 1216 erstmalig urkundlich erwähnt wird. In dieser Zeit wurde eine Burg Rhinow gebaut, die als Mühlenburg bekannt war. Frühgeschichtliche Funde lassen aber auf eine frühere Besiedlung schließen.
Westlich von Rhinow liegt der Gülper See, der sich in die umliegenden Niederungen einbettet. Der See hat eine Flächengröße von 600 Hektar und gehört zu den größten Flachseen des Westhavellandes. An seiner West-, Nord- und Nordostseite begrenzen ihn breite Verlandungszonen. Er hat eine Tiefe von 1 bis 2 Metern und ist durch besonderen Fischreichtum bekannt. Der See wird vom Rhin durchflossen, einem kleinen Flüßchen, der seinen Ursprung im Rhinluch hat und unmittelbar hinter dem Gülper See bei Gahlenberg in die Havel mündet. Der See und die umliegenden Niederungsflächen werden im Frühjahr häufig vom Hochwasser beeinflußt.
Der Gülper See mit seinen Verlandungszonen ist durch eine interessante Tier- und Pflanzenwelt gekennzeichnet. Eine große Rolle spielt der See als Rastplatz beim Durchzug nordischer Wasservögel im Herbst und Frühjahr.
1963 wurde der See zum Naturschutzgebiet erklärt. Besonders Ornithologen finden hier reichhaltige Beobachtungs- und Studienmöglichkeiten.
Am Südufer des Gülper Sees steht unmittelbar beim Ort Prietzen eine Bockwindmühle von 1773. In der Mühle befindet sich eine Inschrift, die von ihrer Entstehung berichtet:

„Als eine neue Dosse ward gegraben
durch Knollings Horst und Lievengraben,
auch der Rhien ward zugeschmissen,
die Rhieno Wasser Mühle weggerissen,
da ließ auch die Wind Mühle bauen
die Frau von Quast in Hohennauen,
zu Prietzen an der breiten See.
O Gott, in Gnaden sie anseh,
daß sie niemals stille steh,
sondern, immer mühl und geh!“

Von den vielen Bockwindmühlen, die an Stelle der Wassermühle Rhinow in den Dörfern und Umgebung gebaut worden sind, ist die Bockwindmühle bei Prietzen erhalten geblieben.
Im Westen wird das Ländchen Rhinow vom Unterlauf der Havel begrenzt. Die Uferflächen sind heute noch typische Überschwemmungswiesen, die von Binsen, Schilf, Rohr und Weidenbüschen bewachsen sind. Diese Naßflächen sind die Lebensräume für manche Wasser- und Watvögel. Ein großer Teil der ursprünglichen Niederungsflächen ist durch Meliorationsmaßnahmen in

den siebziger Jahren zu intensiv genutzten Grünlandflächen geworden.

Als Eingangstor zum Ländchen Rhinow vom Süden wird der Ort Hohennauen genannt. Das Dorf liegt am idyllischen Hohennauener See, der sich etwa 10 Kilometer bis zum Ort Ferchesar erstreckt und durch den Hohennauener Kanal mit der Havel verbunden ist.

Am Hohennauener See

Der Ort ist als alte Ansiedlung bekannt. Frühgeschichtliche Funde im Gutshof deuten auf alte Befestigungsanlagen. Im ausgehenden 12. Jahrhundert wurde hier eine Burganlage, das „hus to Hogenoven", gebaut. Sie befand sich an der Stelle, wo das Gutshaus der Familie Kleist von Bornstedt steht. Im Schutz der Burg entstand im 12. und 13. Jahrhundert das Straßendorf Hohennauen. Das Gutsgebäude wurde Ende des 18. Jahrhunderts als hufeisenförmiger Fachwerkbau auf den Resten der alten Burganlage errichtet.

An der Straße nach Parey liegt das ehemalige Gutshaus der Familie von der Hagen. Durch die Aufteilungen des Gutsbesitzes in Hohennauen waren deshalb im Ort zwei Grundherren ansässig. Die Familie von der Hagen besaß im gesamten Ländchen Rhinow anteiligen Grundbesitz und war dadurch die dominierende Adelsfamilie dieses Gebietes.

Mitten im Ort steht die Kirche. Sie gehört zu den besonders reich ausgestatteten Kirchen des Westhavellandes. Der Backsteinturm und das Kirchenschiff entstammen verschiedenen Bauzeiten. Der Turm hat an seinem Oberteil einen romanischen Rundbogenfries aus dem 13. Jahrhundert. An seiner Nordseite befindet sich ein Rundbogenportal. Die schmalen Lichtöffnungen an den Turmseiten dienten als Schießscharten und kennzeichneten den Kirchturm als Wehrturm.

Das heutige Kirchenschiff wurde erst zwischen 1710 und 1720 gebaut.

Im Inneren der Kirche steht ein Prunksarg von 1769.

Die Emporenbrüstung ist mit den Wappen der Adelsfamilien aus Hohennauen verziert.

Zum Ländchen Rhinow gehören neben Rhinow und Hohennauen noch die Dörfer Parey, Gülpe, Wolsier, Prietzen, Spaatz, Witzke, Wassersuppe, Kietz, Strodehne, Stölln, Schönholz, Neuwerder, Ohnewitz und der Ortsteil Elslaake.

Wappen von der Hagen
einst Grundherren im Ländchen Rhinow

Kirche in Ferchesar, Fachwerkbau, 1735 errichtet

Kirche in Semlin

Der Nußwinkel

Der Mittelteil des Westhavellandes ist der zwischen Lochow und Nennhausen gelegene Nußwinkel.
Der Name der Landschaft wird von den früher hier oft vorkommenden Haselnußsträuchern abgeleitet. Fouqué erklärte den alten Namen Nätewinkel auch als Notwinkel. Nach seiner Deutung war es ein Winkel, der „Notleidenden bei überschwemmenden Kriegsfahrten" Schutz gewährte.
Die Landschaft weist alle typischen Merkmale des Westhavellandes auf. Im Norden bei Lochow und im östlichen Teil sind Niederungen anzutreffen, das Havelländische Luch.
Die höher gelegenen Flächen bei Ferchesar und zwischen Kotzen und Nennhausen sind bewaldet, wie sie als märkische Heide und märkischer Sand bekannt sind.

Das Hohe Rott bei Kotzen ist mit 92 Metern über NN die größte Erhebung im Nußwinkel.
Idyllisch gelegen ist der kleine Ort Lochow mit den beiden Seen, dem Lochower See unmittelbar am Ortsrand und dem Witzker See hinter den Luchwiesen. Lochow, heute Ortsteil von Ferchesar, ist eine alte Ansiedlung, wie frühgeschichtliche Funde belegen. Im Mittelalter war es wüst, wurde aber im 16. Jahrhundert wieder besiedelt. Mitten im Ort steht das alte Gutshaus des Grafen von Bredow mit einer Steintreppe und einer massiven Eichentür, an der noch das geschnitzte Familienwappen zu erkennen ist.
Nördlich von Lochow fließt der Große Havelländische Hauptkanal zum Witzker See, von dem er in den Hohennauener See übergeht und durch den Hohennauener Kanal schließlich in die Havel einmündet.

Hafenbucht beim Leuenberg am Ferchesarer See

Erntearbeiten bei Semlin

Reitrevier bei Ferchesar

Fischer bei seiner Arbeit auf dem Witzker See

Neptunfest am Hohennauener See

Wichtigstes Erholungs- und Urlaubsgebiet des Westhavellandes sind der Ferchesarer See und die umgebende Landschaft mit dem Dorf Ferchesar, das auch als Perle des Havellandes bezeichnet wird. Ferchesar mit seiner Umgebung ist Mittelpunkt des Landschaftsschutzgebietes „Rathenower Wald- und Seengebiet". Das Dorf bietet mit seiner von Linden- und Kastanienbäumen begrenzten Dorfstraße ein idyllisches Bild.
Mitten im Dorf steht die im Jahr 1735 als Fachwerkbau errichtete Kirche mit ihrem 1906 gebauten Turm.
Der Ferchesarer See ist ein etwa 10 Kilometer gestreckter Rinnensee mit einer Breite zwischen 500 und 1500 Metern, der in seinem westlichen Teil als Hohennauener See bekannt ist. Durch die Verbindung zur Havel durch den Hohennauener Kanal wird er im Sommer auch für den Dampferverkehr zwischen Rathenow und Ferchesar genutzt.
Die bekannteste Badestelle befindet sich am südlichen Seeufer an der etwa 1 Kilometer vom Ortsausgang Ferchesar gelegenen Dranseschlucht. Hier bietet sich vom Steilhang ein beeindruckender Blick über das Gewässer in westlicher und östlicher Richtung.
Am Nordufer des Sees lag früher bei Tegeland eine alte Ziegelei, deren Reste noch erkennbar sind. Auch die Ortsbezeichnung Repkes Ziegelei am Nordufer des Sees weist auf diesen alten Industriezweig, der einst im Westhavelland eine große Bedeutung hatte.
Etwa 1,5 Kilometer entfernt von Ferchesar liegt, umgeben von Kiefernwald, der idyllisch gelegene Trintsee. Dieses einsame Gewässer wird von den Anglern und Ruhe suchenden Urlaubern im Sommer besucht.
Hauptort des Nußwinkels ist Nennhausen. Die Dorfgründung erfolgte wahrscheinlich im 12. Jahrhundert. Urkundlich erstmalig erwähnt wurde Nennhausen erst 1304. Mittelpunkt des Dorfes ist das 1737 erbaute Schloß mit seinem ausgedehnten Park, der im 18. Jahrhundert von August von Briest angelegt worden ist. Das Schloß wurde im Stil eines englischen Landschlosses errichtet. In der Halle befindet sich eine Grabplatte des Kanonikus Andreas von Lochow mit figürlichem Flachrelief. Außerdem sind drei stuckverzierte Kaminaufsätze im Schloß zu finden. Der an der Westseite des Schlosses gelegene Park kommt mit seinen gewaltigen Stieleichen und Hainbuchen sehr gut zur Wirkung. Im Park befindet sich die Grabstätte August von Briests. Von 1802 bis 1833 lebte und wirkte der Romantiker Friedrich de la Motte Fouqué, der mit Karoline von Briest verheiratet war, in Nennhausen. Hier entstanden viele seiner Gedichte und das Märchen Undine, aus dem Albert Lortzing seine bekannte Oper schuf. Als Gast weilte der Dichter Adalbert von Chamisso oft in Nennhausen.
In der Nähe des Schlosses steht die Dorfkirche, ein Putzbau in Saalform aus dem Jahr 1613. In der Kirche befinden sich gut ausgearbeitete Grabsteine aus Magdeburger Sandstein mit zahlreichen Reliefs aus dem Jahr 1614. Teilweise wurde auch Marmor verwendet. Hinter dem Altar hängt das Schwert Fouqués, das er im Befreiungskrieg 1813 geführt hat.
Unter gewaltigen Eichenbäumen auf dem Dorfplatz wurde eine Gedenkstätte für gefallene Soldaten der Sowjetarmee angelegt.
In der Nähe von Nennhausen liegt der Gräninger See. Er ist ein flacher, verlandender See mit großem Erlenbruchwaldgürtel und breiter Schilfzone. Vom Untergrund ist dieses Gewässer ein Auslaugungssee mit Salzstruktur, der auf salztektonische Vorgänge zurückzuführen ist. Im Bruchwald werden Niedermoorböden mit verschiedener Mächtigkeit angetroffen.
Zum Nußwinkel gehört auch das Dorf Bamme. An der Nordseite liegt der Mühlenberg. Hier steht eine restaurierte Bockwindmühle, vermutlich aus dem Jahr 1569. Sie ist eine der ältesten Windmühlen des Westhavellandes, die heute noch erhalten sind.
Neben Nennhausen, Ferchesar und Bamme gehören zum Nußwinkel noch die Dörfer Stechow, Kotzen, Semlin und Gräningen.

Kirche in Kriele, älteste Kirche im Ländchen Friesack

Pfarrhaus in Kriele, vor 100 Jahren von Theodor Fontane besucht

Das Ländchen Friesack

Der nordöstliche Teil des Westhavellandes ist das Ländchen Friesack, das von dem Städtchen Friesack seinen Namen hat. Es reicht im Norden bis an den Rhin und geht im Osten in das Rhin- und Havelländische Luch über. Der Große Havelländische Hauptkanal begrenzt diesen Landstrich im Süden. Im Westen schließt es sich dem Ländchen Rhinow an.

Die Landwirtschaft wird von Höhenflächen und Niederungen geprägt. Während besonders zwischen Friesack, Görne und Landin bewaldete hügelige Plateauflächen anzutreffen sind, sind die Niederungen an den Randgebieten zu finden. Einige Gewässer wie der Klessener See, der Görner See und der Landiner See geben der Landschaft ein interessantes Gepräge.

Die historische Entwicklung des Ländchens Friesack wurde weitestgehend von der Familie von Bredow bestimmt.

Zweige dieser Familie waren Grundherren der Dörfer in diesem Landstrich. Darum wurde er auch als Bredowland bezeichnet. Mittelpunkt dieser Landschaft ist die Stadt Friesack. Urkundlich wurde der Ort 1216 erstmalig erwähnt.

Die bekannte Burg Friesack soll aber bereits vorhanden gewesen sein. Seit 1335 wird die Familie

Landiner See

Klessener See

von Bredow als Besitzer der Burg und der Stadt Friesack genannt. Von 1409 bis 1414 gehörte die Burg Dietrich von Quitzow, der als Aufrührer gegen den Kurfürsten Friedrich I. auftrat. Er wurde besiegt und floh. 1427 ging die Burg und die Stadt Friesack wieder an die Familie von Bredow.

An der Landstraße von Friesack nach Rhinow liegen das Dörfchen Klessen und der Klessener See. Dieses Gewässer wurde schon von Theodor Fontane wegen seines sauberen Wassers und seines sandigen Untergrundes gelobt. Die Fische aus diesem See waren wegen ihres guten Geschmacks bekannt.

Heute ist der See Badegewässer für die Bewohner der umliegenden Dörfer und die Stadt Friesack.

Zwischen Friesack und Landin liegt der Ort Görne.

Am Dorfrand hinter dem ehemaligen Gutshaus befindet sich der Görner See. Wegen seiner interessanten Tierwelt ist er heute mit seiner Bruchwaldzone als Naturschutzgebiet ausgewiesen.

An dem Schnittpunkt der Gemarkungen Haage, Landin und Kriele liegt der Landiner See, ein idyllisches kleines Gewässer mit einer breiten Erlenbruchwaldzone. Wegen dieser ihn umgebenden Moorfläche ist er nur von der Haager Seite aus zu erreichen. Außerdem ist er von einem breiten Schilfgürtel eingerahmt.

Südlich des Landiner Sees liegt das Dörfchen Kriele.

Mittelpunkt dieses Ortes ist die Kirche. Sie ist die älteste Kirche im Ländchen Friesack. Sie wurde um 1350 aus Feldsteinen und roten Backsteinen im gotischen Baustil erbaut.

Der Ostteil ist mit starken Strebepfeilern gestützt. Der alte Turm der Kirche wurde durch Blitzschlag zerstört, ein neuer 1779 aus neuem Feldsteinmauerwerk mit Backsteinkanten und darüber Fachwerk gebaut. Die Westseite des Turmes ist mit Brettern verschalt.

In der Nähe des ehemaligen Bahnhofs steht inmitten eines kleinen Parkes die ehemalige Verwaltervilla in Kriele, die 1914 gebaut wurde.

An der Bundesstraße 188 bei Landin liegt der Rhins- oder Teufelsberg, der durch seine interessante Pflanzenwelt bekannt ist. Der Berg und seine angrenzenden Regionen sind mit Kiefern, Eichen, Winterlinden und Espen bewachsen. In den Heimatsagen spielt der Teufelsberg auch eine Rolle.

Seit 1961 ist der Berg ein Naturschutzgebiet mit floristischem Charakter.

Neben der Stadt Friesack, den Dörfern Klessen, Görne und Kriele gehören noch die Orte Landin, Haage, Senzke, Wagenitz, Brädikow, Warsow und Vietznitz zum Ländchen Friesack.

Seit dem Jahre 1889 bereiste Theodor Fontane mehrmals die Dörfer und Güter des Ländchens Friesack. Seine Notizen über die Orte und ihre Geschichte waren als Grundlagen für einen weiteren Band seiner „Wanderungen durch die Mark Brandenburg" mit dem Titel „Das Ländchen Friesack und die Bredows" vorgesehen. Diese Aufzeichnungen, die inzwischen als Buch veröffentlicht sind, bieten interessante Eindrücke aus dem Ländchen Friesack.

Slawische Bewohner im Westhavelland

Mönche im Mittelalter

Landsknechte im Dreißigjährigen Krieg

Preußische Husaren

Kosaken in den Befreiungskriegen 1813 - 1815

Schillsche Offiziere

Das Westhavelland heute

1216 – 1991
775 Jahre Rathenow
Historische Bilder
im Festumzug
zur 775. Jahresfeier

In den zurückliegenden Jahren hat sich auch das Westhavelland verändert. Der Gesamtcharakter der Landschaft ist erhalten geblieben. Doch der Fortschritt hat sich auch hier bemerkbar gemacht.
Niederungen wurden entwässert und umgestaltet. Ursprüngliche Flächen wurden verändert und sind nur an wenigen Stellen erhalten geblieben. Sie werden heute als Naturschutzgebiete gepflegt und gehegt.
Durch den Zweiten Weltkrieg wurde Rathenow, die Kreisstadt der Region, zu einem großen Teil zerstört. Beim Wiederaufbau nach 1945 wurde von einer zweckmäßigen Bauweise im Städtebau ausgegangen. Dabei wurde der alte Stadtcharakter im Zentrum zerstört. Durch Verfall und späteren Abriß änderte sich das typische Bild der Altstadt, des Ursprungsgebietes von Rathenow.
In der Nachkriegsepoche konnte die optische Industrie wieder ihren alten Stand erreichen und sich weiterentwickeln. Die Kreisstadt Rathenow mit inzwischen 31 000 Einwohnern konnte ihrem Namen als Stadt der Optik gerecht werden.
Die heutige Entwicklung deutet darauf hin, daß auch Rathenow wieder eine blühende Stadt im Westhavelland wird.

Goethestraße
Ecke Forststraße
in Rathenow

Babe
Schwarzwasser
Der Brand
Jühlitz
Dreetz
Friedrichsbruch
Rübehorst
Kl.Derschau
Friedrichsdorf
Gr. Derschau
Wilhelminenaue
Alt Garz
Hohen Garz
Rhinluch
Dreetzer See
Giesenhorst
Siegrothsbruch
Blumenaue
Zietensaue
Stölln
RHINOW
Kietz
Der hüdden
Rhinower Bge.
Ländchen
Neu werder
Prietzen
Kirch B.
Rhinow
Schönholz
Wolsier
Hohenwinkel
Spaatz
Weide
Kienn Heide
Ringwall
Meierei Elslaake
Spaatzer Bruch
Witzke
Witzker See
Elslaaken Br.
Wasser-suppe
Hohen-nauen
Hohennauener See
Rohrwerder
Grütz
Altes Dorf
Kanal
Semlin